JN437956

새벽별 아래서

서정대표시선 · 19

새벽별 아래서

초판 · 펴낸날 _ 2013년 8월 30일
지은이 _ 심서섭
펴낸이 _ 윤송석
편 집 _ 차영미
발행처 _ 도서출판 서정문학
출판등록 _ 제2012-000061호 (2008. 3. 10)
주 소 _ 서울시 성동구 천호대로 366, 미라보타워 911호
전 화 _ 02-720-3266 FAX _ 0505-115-3266
이 메 일 _ sjmh11@hanmail.net
홈페이지 _ http://cafe.daum.net/seojungmunhak.com

ISBN 978-89-967385-21-8 03810

서정대표시선 · 19

새벽별 아래서

심서섭 _ 제3시집

서정문학

| 졸작을 내며 |

스산하던 봄도 어느새 스쳐가고
신록 우거지는 여름이 왔다.
계절은 아름다운데 열흘도 못 채우고 시들은
꽃들이 안타깝다.
머물지 않는 자연의 법칙 앞에
인간의 존재가 더 없이 가볍게 느껴진다.

시집이라고 이름은 붙였지만
살아온 날들의 기록 같은 낙서에 지나지 않는다.
그냥 버리기 아쉬워 추려보았다.
그리고 더욱 열심히 낙서를 할 것이다.

2013년 7월 수리산 아래서 저자

차례

제1부 새벽별을 본다

제2부 꽃을 가꾸고 싶다

제3부 철길따라 찻길따라

제4부 회갑의 언덕에서

제5부 목련이 피었네요

제6부 고향의 4계

제1부 새벽별을 본다

나는 아침형 인간인가 보다
새벽 4시면 어김없이 잠이 깨인다.
반대로 저녁 10시도 되기 전
졸음이 온다.
잠속으로 빨려 들어간다.
새벽 4시의 세상은 적막뿐이다.
거리의 차들도 이따금 빈 택시 더러
지나갈 뿐이다.
낮익은 산길이지만 손전등을 비추고
고갯마루에 올라 하늘의 별들을 바라본다.
특히 가을 하늘의 별들은 더욱 영롱하다.
흐트러진 영혼이 추스러지고
피로에 찌든 몸이 가벼워진다.
마음속 찌꺼기 모두 비우고
남은 생 이렇게 살아야겠다.

새벽별을 본다

온누리가 잠든 새벽 4시
나는 산길을 오른다
늙어 잠이 없는가
나의 괴팍한 취미인가

고요하고 캄캄한 산이
조금은 으스스 해도
여우도 늑대도 없으니 두려울 건 없다

바위에 앉아 잠깐 쉰다
이제는 싸늘한 촉감
가을이 왔나 보다

고갯마루에 올라서면
서편 긴골에서 불어오는 가을바람
오장육부 실핏줄까지 스며들어
나도 바람결이 된다

영롱한 별들이 쏟아져 내린다
모두 받아 줄에 꿰어
그녀의 목에 걸어 주어야겠다

가진 것 없어도
아는 것 없어도
젊음까지 없어도
이 시간은 황홀하다
이렇게 살고 싶다

〈순수문학 2012 올해의 시 선정〉

꽃은 변함없이 핀다

춘삼월이지만 봄은
쉽게 모습을 드러내지 않는다
아직도 겨울의 눈초리가 사나워

그래도 어김없이 피어난
노란 산수유 꽃
이 땅에 제일 먼저 봄을 알린다

그 모습이 얄미워
사나운 태풍이 휩쓸고 갔다
눈보라도 휘몰아쳤다

그래도 떨어지지 않고
잠깐 움츠렸다가 봄 햇살 보고
다시 활짝 웃는다

개나리 진달래 목련도
따라서 피어나고
봄도 어김없이 온다

〈순수문학인협회 2012 사화집 수록〉

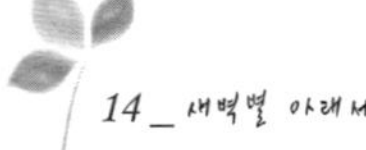

이별의 노래

빨간 낙엽
노란 낙엽이
온몸으로 이별가를 부르는
늦 가을날

빗줄기가 서러워 운다
잘 가라고 흐느껴 운다

피어날 때부터 사랑했다고
싱그러운 모습을 사랑했다고
병들어 스러지고
흙으로 돌아가는 모습도 사랑한다고

다시 봄이 오면
그대는 새잎으로
나는 봄비로 다시 만나자고
울며 보낸다

〈순수문학인협회 2012 사화집 수록〉

새벽눈물

지난밤에 살짝 내린 비
길은 미끄럽고
을씨년스러운 늦가을 새벽

한쪽 다리 절룩이며
작은 손수레 끌고 가시는 영감님

수레엔 빈 종이상자 몇 개
그것도 힘겨우신 영감님

동전 몇 개 벌려고
이 새벽에 나오셨구나
늦으면 그것도 없으니까

순간 눈시울이 시큰하며
눈물이 흐른다
사람의 말로가 저 길인가

노년의 길
늙음도 서러운데
밝은 길도 없는가

〈월간문학 2008년 12월호 수록〉

가을산

며칠 전에도 푸르던 산자락이
오늘은 누렇게 물들었다
10월도 중반이니 피할 수 없는
가을 그림자가 드리우고 있다

단풍나무 한 그루 유난히 붉어
등산객들 눈길 독차지한다
아름다워서일까
처량해서일까

정상에 핀 한 무더기 억새꽃
고복수 님의 짝사랑을 부른다

끈질기게 남아 있는 늦매미 한 마리
쉰 울음소리 애달프다

가을은 헤어짐의 시간
어쩔 수 없이 보내야 한다

〈계절문학(문협발행) 2011년 겨울호 수록〉

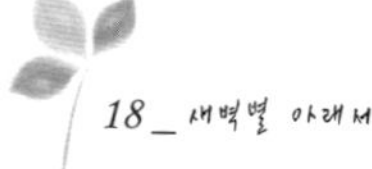

아카시아 꽃이 필 때

여름이 문을 여는 5월 중순
아카시아 꽃 활짝 피어
그리운 옛 생각 파도처럼 밀려온다

날카로운 가시 온몸에 달고
산자락 독차지한 볼품없는 나무
목재도 못 되고
아궁이 없어져 땔감도 못 되는
천덕꾸러기 나무

그래도 5월이면 어김없이
하얀 꽃 탐스럽게 피워
꿀벌들 불러 푸짐히 먹여주고
은은한 향기 바람에 실어

꿈결 같은 첫사랑 추억 떠올려주는
아카시아 꽃 네가 있어
오월은 더 아름답다

〈순수문학 2011년 올해의 시 선정〉

그래도 서럽진 않다

구로역에서
인천행으로 바꿔 타려고
계단을 오른다

몇 개 안 되는 계단이
왜 그리 높고 긴지

오른발이 퉁퉁 붓고 아파서
질질 끌며 걷는다
통풍이란 놈이 움켜쥐고
놓아주지 않는다

난간 쇠파이프를 잡아본다
조금 도움이 될 듯 싶어
그러나 그것도 냉대한다
손이 시려 잡을 수가 없다

다시 주머니에 꽂고
생로병사의 질긴 심줄을 씹으며
천천히 오른다

이런 몸으로 일터에 가야 하는 나
그래도 서럽진 않다

맹꽁이 울음소리

칠월 긴 해가 저물 때면
저녁 여덟 시
시간은 변함없이 흐른다
후줄근한 몸뚱이가 천근이다

공장 옆 밭고랑에서
맹꽁이가 운다
언제 들어본 소리던가
너희들 여기 살아있었구나
반갑구나

저 속으로 돌아가고 싶다
흙으로 돌아가
저 소리들과 어울려
남은 세월 보내고 싶다

삼림욕복도 나오겠지

등산객들 중에
눈길 끄는 젊은 여인이 있었다

모두들 긴 바지 긴 소매
그런데 홀로 짧은 바지 소매 없는 윗옷
시원해서 좋겠다

그 차림으로 산에는 왜 오는가
냇가로 가든지 바다로 가든지
산에서는 더위를 이기는 게 목적인데

머지않아 삼림욕복도 나오겠구나
두 곳만 가리는 삼림욕복도

봄비 내리는 새벽공원

등불이 휘황한 새벽공원
고속도로의 차들은 요란하고
봄비가 속삭인다

목련꽃 잎이 하나 둘 떨어진다
잎을 피우기 위해
가지가 벗는 옷이다

꽃잎은 떨어져 빗속에 흐느낀다
채 열흘도 못 되는 즐거운 날
서러워 흐느낀다

나에게 즐거운 시간을 준 너
너의 모습 길이 간직하리

이별 반백년

꼭 오십년이 되었네요, 그날이
왜 이렇게 잊을 수 없는 날인가요
헤어지기 싫은 사람과 어쩔 수 없이
헤어져야 하는 아픔

좌절과 회한의 늪 속으로 빠져든 날
그날은 내 길이 바뀐 날입니다

그 후 오십년
정말 꿈결 같이 흘러갔네요

점점 가까워지는 여행의 끝을 보며
후회도 많이 했답니다
이 길이 다시 돌려준다면
그대 좋아한다는 말 꼭 할 텐데

〈2012년 2월 8일 H에게〉

수필가 등단 인사

그리운 옛 학우들이여!
봄이 왔습니다.
춥고 어둡고 긴 겨울 끈질기게 견디어온 보람입니다.
머지않아 온갖 꽃들이 활짝 피어나겠지요?
삼라만상이 소생하는 봄, 생명이 탄생하는 봄, 희망이 피어나는 봄,
봄은 아름답기만 합니다.

그러나 봄이 오기도 전에 작별의 인사도 없이 우리의 곁을 떠난
정든 사람은 봄이 와도 소식이 없습니다.
망각의 강을 건너갔는지! 그립습니다. 서럽습니다.
인생이 허무하다는 것 절실히 느낍니다.

보고 싶은 옛 학우들이여!
이제 우리의 길엔 황혼만 짙어갑니다. 마음이야 아직도 초등학교 동심 그대로인데 몸은 낡은 기계처럼 삐걱거립니다.
세월의 무게에 짓눌려 어쩔 수 없이 그렇게 되었습니다.
별 수 없이 자연의 섭리에 순응하며 남은 세월 차분히 보낼 수밖에 없다고 생각합니다.

잊을 수 없는 옛 학우들이여!
주제넘게도 이달에 수필가의 명예를 얻었습니다. 학우 여러분의 격려와 후원에 용기를 얻어 봄비의 속삭임 같은 이야기를 쓰고 싶어서 낙서에 지나지 않는 글 두 편을 문학사에 보냈더니 〈수필문학의 요건을 잘 갖춘 수작〉이라는 과대평가와 함께 등단의 영광을 얻었습니다. 읽어보시고 날카로운 비평과 격려 보내주시면 더욱 정진하겠습니다.

사랑하는 옛 학우들이여!
우리 건강하고 활기 있게 봄을 맞읍시다.

〈2013년 3월 19일 수필가 심서섭〉

귀여운 외손자

할아버님 기일
몇 주기인지는 모르나
아버님께서 알려 주신 날
아버님께 배운대로
사십여 년 제사 올린다

아들은 아직 퇴근 못했고
네 살 된 외손자 녀석이
저도 지내겠다며 옆에 선다

할아버지 절하는 대로
땅에 엎드려 살그머니 쳐다보고
일어서면 따라 일어서고
귀엽기도 하다

할아버님
외 현손에게 절 받으시니
흐뭇하시지요

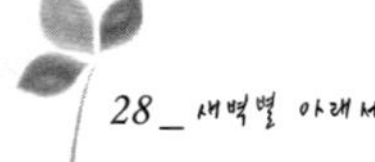

항상 보살펴 주시옵소서
마음 한구석 허전한 건
언제까지 이 녀석이 할애비 따라 하려나

맥주와 누룽지

하지 무렵 저녁 여덟 시
이제야 땅거미가 내려 앉는다

한숨 돌릴 틈도 없이
밀려드는 이들
즐거운 탄성이면 좋으련만
괴로운 비명이다

후줄근한 육신의
피로 풀려고
빈속에 퍼붓는 미지근한 맥주

한 병이 세 병 되고
세 병이 아홉 병 된다

피로 풀려다
피로 더 짋어지고
다음날 후회하면 또 그 길

안쓰러워하는
호수 맛자랑 여인들
누룽지 끓여주마, 속 채우라고
그런 여인들 있어
잠시 피로를 잊는다

마른 솔잎의 추억

수리산 자락
왜 소나무가 우거진 길을 걸을 때면
수북이 쌓인 마른 솔잎이
옛 생각 생생히
떠오르게 한다

사십여 년 전 내가 살던 오두막집 뒤에
키 큰 왜 소나무들이 많이 있었다

늦가을 바람이 세차게 불어
노란 잎새 수북이 떨구어 놓으면
밤이 깊은 줄 모르고 갈퀴로 긁어
마당가에 흐뭇했었다

날이 밝으면
생쥐 같은 내 친구가
싹싹 긁어갈 테니

지금 아무도 긁어가지 않는
이 많은 솔잎을 보며
그 시절 그 친구 새삼 그립다

유리창에 앉은 사마귀

아침 밥상을 차려놓고
아내와 마주앉아
숟가락을 들며
무심코
남쪽 베란다 창을 보니
엉큼한 사마귀가 거꾸로 붙어 있다

옛적에 보던 모습
그대로다

어디서 여기까지 왔니
무엇을 먹고 사느냐
남아 있는 생명이 가상하구나

저놈들은 짝짓기 끝나면
암컷이 수컷을 잡아 먹는다지
다시 태어나도
사마귀 수컷은 되지 말아야겠군

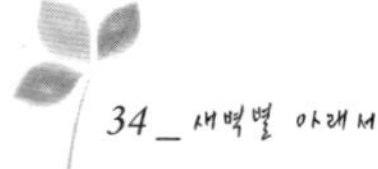

내 말에
아내도 웃고
나도 웃었다

형님도 떠나가시고

장례식장 음산한 염습실
반듯이 누워계신 형님 얼굴은
편안히 잠들어 계십니다

생로병사 희로애락 모두 잊으시고
행복하게 잠들어 계십니다
무거운 이승의 짐 다 내려놓으시고
홀가분히 잠들어 계십니다

이승길 여든세 고개
얼마나 힘드셨습니까
잘못 만난 시대
잘못 부여받은 운명
누구를 원망하시겠습니까

형님
모두 잊으시고 천국에서
편히 쉬십시오

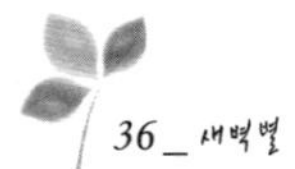

그리고 내세에도
형제로 태어나시지요
눈물을 삼킵니다

도시의 무지개

해질녘
동편 하늘에
쌍 무지개가 떴다

남쪽에서 북쪽으로
커다란 반 동그라미
찬란한 무지개

회색도시 하늘에서
더욱 아름답다

예전 고향 하늘에 뜨던 무지개
신비스러워
어디서 시작했나
달려가 보고 싶었지

선녀가 비온 뒤 타고
하늘로 올라가는 다리라던

고운 무지개
그 선녀도 보고 싶었지

제2부 꽃을 가꾸고 싶다

나지막한 언덕 아래
나지막한 집을 짓고

좁은 울안 가득
꽃을 가꾸고 싶다.

봄꽃
여름꽃
국화꽃, 코스모스
겨울엔 눈꽃

아내 머리에 핀
서리꽃까지 사랑하며
조용히 살고 싶다.

수리산의 봄소식

이제는 낯설지 않은 산길이다
십년 세월이 더 되도록 걸었으니

바람결은 아직 차가워도
남쪽에서 불어오고

아기 진달래 꽃봉오리
많이 부풀었다

마른 풀숲에서 새싹은
뾰족이 얼굴 내밀고

끼륵끼륵 울며가는
창공의 기러기 떼
쓸쓸한 모습

봄이 떠나는 모습

번갯불 빛이 창으로 가득 스며들고
요란한 천둥소리에 잠 깨이는
봄날 새벽

스산한 바람소리
거치른 빗줄기 소리
봄은 조용히 떠나가기
싫은가 보다
봄은 심술꾸러기 어린애인가 보다

연약하게 피어난
갈참나무 새잎을
무참히 파란 낙엽 만들어 놓고

활짝 핀 벚꽃잎
길 위에 흐트러 놓고

호령하며 떠나는 모습
너 올 땐 수줍은 새악시였는데

어느 여름날 오후

하지 무렵 태양이 한참 기울어진 시각
아내와 낮은 산길을 걷는다

풍성한 나뭇가지들이
하늘을 가리웠고
골짜기 흐르는 물도 말라가는
여름날

꽃이 진 가지에 맺혀
까맣게 익은 벚나무 열매
버찌

억척스레 휘어잡고 따는 아내
손바닥이 빨갛게 물든다

소주병에 넣으며
참 곱다고 즐거워하는 아내
술 익을 날이 기다려진다.

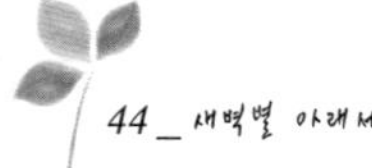

가을 산길

아침햇살 눈부신 늦가을 날
낙엽 쌓인 산길을
혼자 걷는다

지난밤 찬비에
촉촉이 젖은
고요한 아침 산길

솔잎 향기 가득하고
골짜기 물소리 정답다

산새들은 여름 따라 가버렸나
보이지 않는다

길가에 핀 들국화
백발 휘날리는 억새꽃
가을 모습은 애처롭다

산바람 소슬히 불어
붉은 잎들 또 우수수 떨어진다.

입원한 아내

척추 수술을 받으려 아내가 입원을 했다
꽤 알려진 서울의 병원에
아내를 뉘어 놓고
무거운 마음으로 돌아선다
수술은 내일

지난날들이 떠오른다
무능한 남자 만나 일찍부터 생활전선에서
고생한 아내
그래도 불평 한 마디 없던 아내

가끔 함께 산행이라도 하면
그렇게 좋아하던 아내
굳건히 이겨내고
우리 다시 산으로 갑시다

가을의 노래

오늘 아침 무심코
창밖 서산을 바라보니

청산은 어디로 가고
황산이 거기 있네

어느새 가을 왔구나
여름은 이별의 인사도 없이
가버렸구나

청산이라고 붙들고
이별주 나누며
가을 노래 부를 것을

오행

일제에 억눌려
암울했던 시대도 끝날 무렵
청송 심씨 한 가문에
사내아이 또 하나 태어났으니
집안의 기쁨이요,
나의 첫 번째 행운이다

해방정국의 혼란과 가난 속에서도
어머니 젖꼭지 물고 잘 자랐으며
전란 속에서도 어머니 치마폭에 쌓여
무사히 살아남았으니
두 번째 행운이요,

청운의 큰 꿈이 산산이 깨어지고
좌절과 실의 속에 방황하다
고향을 떠나 다른 길을 걸으며
괜찮은 여자 만나 쉽게 결혼했으니
세 번째 행운이요,

거센 세상 물결과 비바람에 지쳐
흔들리는 나를 억세게 부여잡은
아내가 있어
아들딸 잘 키워 독립시켰으니
네 번째 행운이요,

순간처럼 육십 고개 넘기고
아픈 곳 없이 일하고
빚진 것 없으니
다섯 번째 행운이다.

운해에 떠서

안개구름 헤치고
관모봉에 오르니
맑은 하늘 밝은 태양이
나를 맞는다

내가 신선처럼
구름을 타고 있다

태을봉
관악산
청계산
광덕산이 섬이 되었다

청계산 머리 위로
붉은 태양이 힘차게 솟아오른다
이 위대한 그림
누구의 작품인가

당신의 빈자리

잠시 떠난 당신의 빈자리가
너무 넓습니다

함께 있을 땐 미처 몰랐던
당신의 존재가
이렇게 소중한 줄은

짧은 해가 뉘엿뉘엿 넘어갑니다
부질없이 문 열고 기다립니다
엄마 기다리는 어린애처럼

피곤한 모습으로
그래도 항상
환하게 웃으며 들어오던 당신

고독을 술잔과 나눕니다
이 밤은
잠도 설칠 게 뻔합니다

〈4박5일 태국여행을 떠난 아내에게〉

아름다운 새벽

희끄므레 먼동이 떠오르는
새벽 네 시
산길은 잠속에 들어
새들도 깨어나지 않았다

험상궂은 무장공비 같은
등산객들 아직 없고
방정맞은 여인들 웃음 없어
새벽 산길을 오른다

등산복들이 거의 검은색으로 바뀌었다
여인네들은 둘만 있으면
산이 온통 시끄럽다
무엇이 그리 재미있고 좋은지

고요를 찾아 산에 가려면
이렇게 일찍 나서야 한다

골짜기에 피어오르는 새벽안개
향기로운 신록
오월 새벽은 희망이다

관모봉에 오르면
안양 성당의 여섯 시 종이 울린다
거룩하게 울려퍼진다
찌든 영혼이 맑게 깨어난다

매미 울음소리

장맛비가 쉴 줄 모르는 칠월 중순
나무들이 후루루
빗물을 털고 있다

골짜기엔 하얀 물줄기
힘차게 흘러내리고
산자락에 매미 울음소리 요란하다

세상에 온 환성
짧은 생애 서러움
한데 섞어 울어댄다

빗줄기 소리
물줄기 소리
매미 울음소리
한데 어우러져 칠월도 간다

첫닭 울음소리

새벽 4시 중학교 닭장 옆을 지난다

장닭이 힘차게 운다
꼬끼요오

어린 수탉도 따라 운다
꼐켸게
아직 목청이 안 텄다

내가 너희들 잠을 깨웠느냐
내가 너희들 첫울음 소리 들으려
맞춰 왔느냐

새 아침을 부르는 너희들 소리
고요한 새벽이 더욱 싱그럽다

안양군 모역

리키다 소나무 울창한
수리산 남쪽 자락

아늑히 자리 잡은 안양군 묘
경기도 기념물 00호

성종임금 서자로 태어나시어
젊은 나이에
폭군 연산에게 까닭모를
죽임을 당한
비운의 왕자

왕권을 넘보았던가
폭정을 규탄했던가

오직 왕의 혈통이 죄였으리

구욱궁 구욱궁
목메어 우는 저 새는

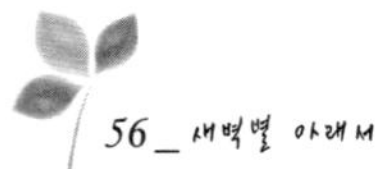

왕자님의 원혼 아닐까
육백여 년 저렇게 울었으리

순대가게 여주인

아파트 단지 안 큰길가에
토요일이면
하룻장이 선다

생선가게
과일가게
채소가게
순대가게도 있다

그러나 손님들은 뜸하다
대형마트만 다니는지
재래시장만 다니는지

순대가게에서 3천 원어치를 시킨다
여주인 즐거워하는 표정
아내 맛있게 먹는 표정
나도 즐기며

순대 써는 여인의 손길
한석봉 어머니 떡 써는 손길이
저랬을까

여인은 항상 웃는 얼굴로
항상 즐겁게 일한다
행복하나 보다

지상낙원

산본1동 기존 주택가
허름한 집들이
머리를 맞대고 있다

매일 아침 지나는 골목길 가
반 지하 한 가구에
노부부가 살고 계신다

엄동이 물러가고
우수 경칩이 지나면
그 집 앞에 제일 먼저 봄이 온다
화분이 하나 둘
문가에 놓여진다

싹이 돋고 잎이 피고 꽃이 피고
여름이 다 가도록 꽃은 이어진다

꽃들이 지고 화분들
하나 둘 들어가면

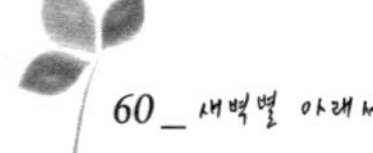

겨울이 온다
한 해가 지나간다

거기에 지상낙원
행복은 다른데 있지 않다

신선놀이

신록 우거진 오월 초
이른 아침
막 떠오른 태양을 바라보며
산등성이에 앉았다

맑은 하늘
상쾌한 바람
보석처럼 빛나는 초록 산자락

바스락 뛰는 산토끼
나뭇가지의 곡예사 청설모
산새들 노랫소리

건너편 골짜기에선 장끼가
큰 기침을 한다

배낭에 지고 온 막걸리 한 병
누가 볼세라 얼른
한 잔 마신다

핏줄 속 짜릿한 쾌감
하늘 산바람
아침 태양 속에 황홀하다
나는 신선이 된다

작은 새의 죽음

봄도 멀지않은 날에
길가에 죽은 작은 새

배가 고파 죽었느냐
추위를 못 견뎌 죽었느냐

깃털 어지러이 흩어지고
마른 잎새처럼 나뒹군
이름 모를 작은 새여

봄이 오면 힘차게 날고
아름답게 노래할 텐데
기다리다 지쳐 가버렸구나

스쳐본 고향마을

텅 빈 들판에 쏟아지는
불길 같은 태양 아래
예전처럼
벼 포기 무성하게 자란다

차창으로 잠시 스쳐 보이는 고향마을
붉고 푸른 지붕 아래
지금은 누구 누구 살고 있을까

그리운 저곳
정든 사람들
달려가 보고 싶다

그러나
그 사람들 없을 것 같아
차마 가지 못 하겠네

이 가을에는

가을빛이 보인다
여름의 끝자락이 보인다
숨 막히던 여름을 몰아내고
가을이 온다

이 가을에는
나를 찾으리라
내가 버린 나를 다시 찾으리라

덮어버린 책장 다시 펴고
던진 펜을 들리라

여행을 떠나리라
낯선 곳으로
가을 하늘처럼 가을바람처럼
홀로 떠나리라

제3부 철길따라 찻길따라

내 나라 땅 삼천리 방방곡곡
거침없이 달려보고 싶다.
그날은 올 것인가?

철길 따라 달린다

경부선 호남선 전라선 장항선
중앙선 경전선 태백선 영동선
경전선 동해 남부선
경북선 충북선

전동차로 달리는
경인선 경의선 경원선 경춘선
국토의 핏줄이 활기 있게 뻗어 있다

그러난 북으로는 흐르지 못하는 핏줄
도라산역 신탄리역
거기서 철마는 달리고 싶어
울부짖는다

금강산도 가고
압록강 두만강 건너
대륙으로 대륙으로
그렇게 살아보는 거다
그렇게 살고 싶은 거다

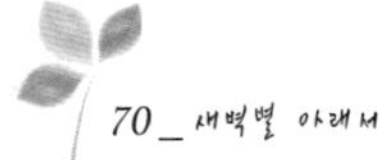

송광사의 봄

나른한 봄날 밤을
버스 안에서 지새우고
남도 순천에 닿으니
새벽 공기가 싸늘하다

한 시간 반을 버스로 더 달려
이른 곳 송광사
3대 사찰답게 우람하고 그윽하다

우거진 고목 사이로
아침 햇살 스며들어
법당 뜨락에 쏟아 놓고

청아한 물소리
스피커 독경소리
산 계곡에 가득하다

뜨락엔 하얀 목련이 피고
난초도 파랗게 돋아나
고요한 대 가람에 봄이 왔다

남해 금산

말복을 하루 앞둔 날
아침밥도 거른 채
허위적 허위적 낯선 길을 오른다
버스는 한 시간 반을 기다려야 있고

거기 누가 있기에
누가 기다리기에
시오리 산길을 허덕이며 가는가
상쾌한 여름 아침
고요한 숲길이 있어 내가 간다

울창한 측백나무 하늘을 가려
심산유곡에 든 듯
속세를 떠난 듯

속부터 겉까지 흠뻑 젖어서야
금산 정상이 나를 맞는다

확 트인 쪽빛 남쪽바다
그림 같은 섬들
웅엄한 바위들 묵묵히 바다를 향해
이 땅의 평화를 위해 기도하는
금산이 선경이다

7번 국도

부산을 떠난 버스는
경주에서 고속도로를 버리고
7번 국도를 들어선다

해안을 따라 꼬불꼬불
널푸른 동해의 장관이 이어진다

피서객들 모두 떠난
썰렁한 백사장엔
다정한 연인들 더러 거닐고

영덕 울진 삼척 동해 강릉
그대로 지나치고
속초에 닿으니
버스는 더 안 간다네

이 바닷길 따라
삼천리 끝까지 가고 싶은데
왜 못 간단 말이냐

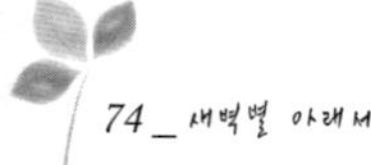

그럴 날은 언제 올까
내 생애에 올 수 있을까
아!
동해여 백두대간이여
통곡하는 이 가슴을 아는가

거제 해금강

항상 잔잔하고
고요한 줄 알았던 남해
안개 자욱하고
검푸른 물결이 성이 났다

정원 백 명의 작은 유람선
사정없이 기우뚱거리며
망망대해를 떠간다

이대로 용왕의 나라를
관광하는 건 아닌지
이 땅 관광도 얼마 못했는데

잠시 후 거제 해금강
억겁의 세월이 만들어낸 바위 조각품
인간의 문명이 어찌
저 오묘한 작품을 만들 수 있겠는가

도저히 표현할 수 없는
저 신비로운 작품 앞에서
잠시 시간이 멈추어 진다

부산 노포동 버스 종합터미널

금정산 동쪽 기슭 넓은 터
버스들이 가지런히 엎드려 있다
첫 출발을 하려고 하품을 하는 차도 있고

하늘엔 잠자리 날고
풀벌레 울음소리 구슬픈 새벽

머물 수 없는 나그네 또
어디로든 떠나야 한다

동해 따라 올라갈까
곧장 서울로 갈까

아니다
삼천리 북쪽 끝까지 가는 차
어디 있나 찾아보자

아무리 찾아봐도 보이지 않네
속초가 끝이네

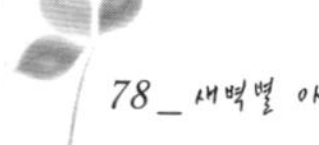

왜 더 안 가느냐
이 나라 끝까지

노승산

사십여 년 만에 노승산에 왔다
이천과 안성의 경계
해발 300M

늙은 중이 바랑을 진 모습 같다 하여
노승산이라고
늙은 소나무가 많아
노송산이라고도

학교시절엔 단골 소풍지
무척 높고 무서웠는데
지금은 낮은 동산이다
말바위 굴바위 병풍바위
옛 모습 그대로다

텅 빈 정상에는 진달래 곱게 피어
옛날에 바위고개 잘 부르던
여학생 떠오른다

오늘도 이 꽃 보며 다시 한 번
불러다오

멀리 성호지 하얀 물빛
그림 같은 고향 마을이 보인다
그러나 돌아서야 한다

마국산

옛날에 호랑이 산다던
높고 험한 산
지금은 부드러운 산릉이
정겹다

농사꾼이 되어 어른들과
사방사업 하러도 다녔고
친구들과 놀러도 다녔었지
그게 몇 해 전이던가
사십년이 넘는구나

늙어 다시 왔어도
산은 그대로네

봄을 싣고 오는 바람소리
휘파람 불며
고향 쪽으로 달려간다

오래전에 듣던 바람소리
여기에서 흘러 왔구나

희뿌연 햇살 가득한 봄의 대지여
서러운 내 마음을 어이 하리

입영하는 아들에게

너를 받아 안은 지 이십년
때맞춰 먹이고
포근히 재워
이제 대한의 기둥이 되었구나

그리고 이십팔 년 전에
아비가 갔던 길을 가는구나
장하다 내 아들아
건강하게 잘 커 주어서 고맙다

일 년 반의 방위병
집에서 먹고 잠자는 것만도 특혜다
그러나 정신은 항상
군인임을 명심하여라

사나이에게 군인정신은
삶의 큰 교훈이 된다

서러운 고향마을

지척에 고향마을이 있다
삼십여 년 전 내가 지은 흙벽돌집
지금은 빨간 양철지붕으로
누가 살고 있다

늙으신 아버지 잠드신 곳
허리 굽은 어머니 고생하시던 곳
지금은 어디 계시기에
내가 저 집에 안 가는가

찾아갈 사람 없네
날 반길 사람 없네
쓸쓸히 돌아서야 하네

이제 하룻밤 꿈결로 맞아야 한다
그래서 더욱 서럽다

〈1995년 여름 아버님 산소 벌초를 하고 돌아서며〉

그대 목소리

뜻밖에 정말 뜻밖에
H가 전화를 했다

차분한 중년 여인의 음성이
내 가슴을 설레게 했다

그대는 나를 잊은 줄 알았는데
어쩌다 생각이 떠올랐나요

무슨 대화를 나누었는지
꿈결만 같습니다

다만 그 한 마디
나를 원망 많이했지 하던 물음

많이 원망한 게 아니라
많이 그리워한다는 말
끝내 하지 못하고
종일토록 가슴이 울렁거렸다오

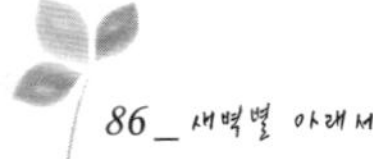

도일봉에서

내가 산 가운데 우뚝 서 있다
사방이 산으로 에워있고
그 가운데 도일봉이 호위를 받고 있다

낮은 산 높은 산 겹겹이
구름 위로 목을 내밀고
길게 길게 이어진다

태양이 빛난다
산 정수리의 잔설이 반짝인다
골짜기에는 봄이 꼬물거리고

산에서는 나도 산이 된다
나무가 된다
바람이 된다
산처럼 살고 싶다

국도 6호선에서

팔년 만에 이 길을 달린다
목적지도 없이 달린다
덕소까지는 전동차가
막힘없이 달린다

남한강 북한강물 그대로 흐르고
굽어보는 산들도 옛 모습 그대로다

팔당댐을 지나 양수리
조금 더 가면 복포리
저기 북서풍 받이 언덕에
어머님 뗏집이 있었는데
십삼 년간 한해 두 번씩은 찾아뵈었는데

지금은 갈 일 없네
어머님 안 계시니

내 손으로 뗏집 파헤치고
유골 불태운 자식

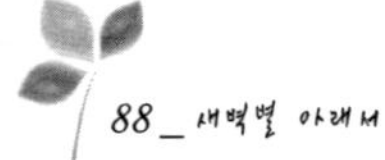

천하에 없는 불효자
어찌 용서를 비오리까
서러움이 북받칩니다

개미영감

새벽이면 어김없이
골목에서 만나는 영감이 있다

여름이나 겨울이나
눈 비 오는 날 빼고는

개미처럼
사철 검은 옷에
허리가 직각으로 굽어
개미처럼 기어 다니는 남자
연세가 그리
높아 뵈진 않는데
언제부터 저렇게 되었을까

밤새 내어놓은 폐품들을
이것저것 주워 모아
노적가리처럼 쌓아놓고
만족한 표정으로
또 주우러 가는 개미영감

순순하게 살아간다는 의미를
모두 주워 모으고 있다

슬픈 여름날

태양이 비스듬해진 시각
친구에게서 걸려온 비보
난치병으로 오래 고생하던
그 벗이 기어이 타계했다고

떨리는 가슴으로 달려간
OO병원 장례식장

형은 잔잔히 웃으며
날 맞는구려
이승에서 한 번 더 찾아가지 못한 나
면목 없구려

그렇게 다정다감하고
섬세하던 당신
하나님이 꼭 필요해서
일찍 부르셨나 봅니다

할 말이 없습니다
노모께 무슨 말씀을 드릴 수 있겠습니까

잘 가시오
생로병사의 고통 투성이
이승은 모두 잊고
하나님의 나라에서 영생하소서

〈2001년 6월 10일 동창생 김영호 형의 빈소에서〉

혼자 떠난 사람, 홀로 남겨진 사람

떨어진 잎새 위에 초겨울 빗방울이
처량하게 내리는 아침
하늘은 내려앉을 듯 무겁고
가슴은 터질 듯 답답하다

왜 이렇게 달려가야 하니
가벼운 마음이면 얼마나 좋겠니

불혹의 나이에 돌연히 떠난 사람
무슨 일로 그리 서둘러갔는가

세상살이 모나지 않고
둥글둥글 붙임성 많던 사람
하늘이 필요로 했는가
그러나 보내기 아까운 사람
어쩔 수 없이 보내야 하는구나

홀로 남겨진 사람
하늘이 무너지고 땅이 꺼졌다

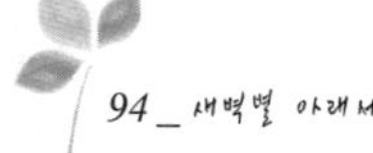

어찌 상상이나 했으랴

그래도 살아야 하는 게
먼저 간 사람에 대한 도리
인생은 어차피 이별이라 했으니

조금 일찍 온 이별일 뿐
너의 분신 하나 의지하고
열심히 살아다오

〈2004년 11월 11일 홀로된 생질녀 오기에게〉

계방산에서

완행버스가 헐떡이며
굽이굽이 기어올라 운두령 마루에
한패 등산객을 쏟아놓고
엉금엉금 고갯길 기어간다

해발 1089M 운두령
한계령보다 높다

하얀눈 머리에 이고
멀리 솟아있는 계방산 정상

등산객들 모두 보내고
미끄러져 넘어지며
혼자 오른다

나도 젊어선 저들처럼
활기 있게 오르고 걸었는데
이제 따라갈 능력이 없다
세월이 나를 이렇게 만들었구나

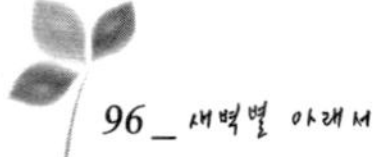

그래도 나도 정상에 올랐다
조금 느리지만
아직은 할 수 있다

웅대하고 장엄한 백두대간
그저 숙연해질 뿐이다
인생사 한낱 티끌일 뿐이다

운길산에서

가파른 오르막길 굽이굽이
이마엔 땀방울이 맺히는
깊은 겨울날

울퉁불퉁 돌멩이 박힌 좁은 찻길
길가에 잡목들은 겨울잠에 빠졌다

동쪽 봉우리 허리에 들어앉은
수종사 확성기가 염불을 한다
온 산에 청아하게 퍼진다

하얗게 얼어 붙은 북한강 남한강
정답게 만나 반짝이고
잠든 대지엔 때 이른 아지랑이
피어오른다

정상에 올라 산줄기 따라 내려간다
골짜기에 엎드린 산마을이
고요하고 평화롭다

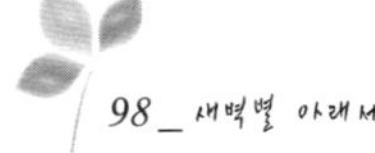

고갯길엔 진달래 소롯이 잠들어
봄꿈을 꾸고 있다

곱게 피어날 때
그리운 사람과 다시 오고 싶다
바위고개를 부르며 걷고 싶다

김삿갓 묘에서

풀잎이슬 마르기도 전 여름날 아침
굽이굽이 돌고돌아 김삿갓 마을
수려한 산봉우리 어우러지고
맑은 냇물 풍부한 영월땅 끝자락

나지막한 언덕 아래
서향으로 누워계신
만고시인 김병연 님

시대를 잘못 만나셨는가
가문을 잘못 타고 나셨던가
하늘이 내리신 큰 재능을
아낌없이 버리시고

삼천리 방방곡곡 구름처럼 바람처럼
떠돌며 남기신 등불 같은 시
후세들의 영원한 교훈이외다

인생사 흘러가는 바람
피었다 스러지는 구름이언만
님의 자취 어찌 애닯지 않으리오

처령포에서

유유히 굽이도는 저 강물은
님의 사연 알겠는가

울울창창 저 소나무
님의 모습 뵈었는가

어질고 어리신 주상이시여
왕통으로 태어나신 한을 품고

저 강변의 고혼이 되셨으니
세월은 알리 역사는 알리
선악이 무엇이고
정도 패도가 무엇인지

한 몸의 영화 위해 정의를 팽개치고
가문의 맏순 꺾은 수양은
동서고금에 없는 패륜아 이외다

제4부 회갑의 언덕에서

내가 어느새 여기 올랐나?
어디 어디 거쳐서 여기까지 왔던가?

그 여정에서 무엇을 보았으며
무엇을 깨달았던가?

헛되이 보낸 세월이
너무 짧기만 하구나.

회갑날의 참회

아버님 어머님께서
거쳐 가셨듯이
형님 누님들이 거치셨듯이
오늘은 내가 거치는 길

피해갈 수 없는
늙음의 다리를 건너며
뒤돌아보니 회한만 남는다

유년 시절은
어머니 치맛자락 잡고
칭얼대며 보냈고

소년 시절은
그래도 두드러져
큰 꿈속에 자랐고

청년 시절은
시대의 높은 벽을 바라보고
주저앉았지

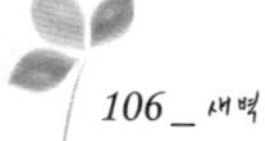

용기도 없었다
아무것도 없었다
나는 고독했다

오직 술이 나를 위로 해줘
그와 친했더니
이제는 더욱 외롭고 흐트러졌네
그렇게 보낸 나의 한 갑자 허무하여라

노인과 고목

여든 고개로 뵘직한 할머니가
고목 그늘에 앉아 계신다

온화하신 표정 그러나
엷은 우수에 잠겨

영월 땅 계곡 한 기슭에
작은집 한 채 마련해
혼자 사신다고

산이 좋아
물이 좋아
공기가 좋아

번잡한 도시를 떠나
노년을 자연에 맡기셨나

달려가는 시골버스 바라보며
가벼운 한숨짓는 노인

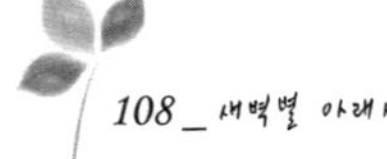

내 어머니 모습 같아
다시 보니
내 큰 누님이시네

폐가의 감나무

주인 떠나 문 닫힌 낡은 집
슬레이트 지붕엔 잡초가 무성하고
호박넝쿨 얼기설기
담장을 엮었다

울안의 감나무 한 그루
주인이야 있든 없든
잎 피우고 열매 맺어
탐스럽게 익어간다

떠나간 주인이여
날 보러 오세요
기다리며 익어 가리다

노란 유니폼의 여인

노란 옷을 입고
베이지색 모자를 쓰고
무거운 리어카를 밀고 다니는
노년 가까운 여인

아침저녁 만날 때마다
친절하게 인사한다

야쿠르트 한 개 팔아준 적 없어도
밝은 웃음 항상 보이며

이것이 사람 사는 곳이구나
사람으로 살아가는 뜻이구나

여인이여
항상 건강하시고
좋은 일 많이 있으소서

시인의 아내

그녀는 항상 힘들게 살아갑니다
남편이 때때로
밥 옷 안 나오는 글장난이나 하며
생활비 적자내고
술 퍼마시고 허우적거리고

그녀는
결혼은 바보들이나 하는 짓이라 합니다

나는
자기도취에 사는
허황된 시인입니다

시도 아닌 글 몇 줄이
문학지에 실린 것 보고
으쓱하고 흐뭇해하는

언젠가는 이해하겠지
바보들의 짓이 아니었다고
진솔하게 살았다고

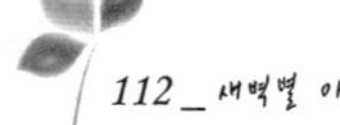

그래서 또
낙서를 합니다

세 발 뿐인 개

활짝 열린 공장문 앞에서
하얀 개 한 마리가
멀건히 들여다보고 있다

삼복을 잘도 넘겼구나
공포심으로 바싹 야위었구나

늙은이 아무것도 안 주네
돌아서는 야윈 개
왼쪽 뒷다리가 없다

어쩌다 저리 되었을까
용케도 살아남았구나
생명은 저렇게 질기구나

한번 힐끗 뒤돌아보고
절름 절름 걸어간다
내 가슴이 뭉클해진다

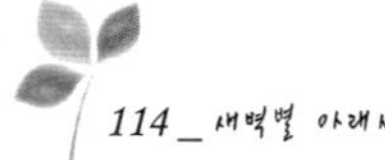

다시 듣고 싶은 그대의 노래

오늘따라
오래전에 부르던 그대의 노래가
왜 그렇게 듣고 싶었는지
〈울어라 열풍아 밤이 새도록〉

애절한 그대의 음성
지금도 귓가에 들립니다
무엇이 그리도
못 견디게 괴로웠나요

내가 〈우수〉로 답했지요
맺지 못할 인연
마음속에 내리던 빗줄기처럼
서글펐지요

그래서 지금도 낙서를 합니다
노래를 부릅니다
그대 그리워하며

가는 여름도 아쉽다

여름이 떠나가는 게
분명하다

가을이 오는 게
완연하다

새벽바람 하늘빛이
그렇게 말하고 있다

유난히도 무더웠던
그 여름

내 심신도
어이없이 흐트러졌던 그 여름
그 여름도 가고 있다

그래도 아쉬움은 남는다
젊음의 여름
정열의 여름

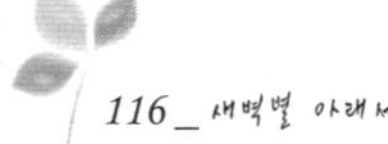

그들이
나와 함께 가 버리니

벌초

조상님 산소에
벌초하는 때가 되었습니다

여름내 자란 풀을 깎고
장마에 훼손된 곳을 손질해
닥쳐올 겨울을
안락하게 지내시도록 해 드리는 것입니다

여러 친구들이 고향으로
벌초하러 간답니다
아들 데리고 간답니다

나는 벌초할 산소가 없습니다
고향도 없습니다

아직은 할 수 있는데
이 땅에 머무는 동안 하고 싶은데

내 부모님 산소는
저 하늘 위에 있어서
너무 멀어 내가 못 갑니다

산정에 핀 코스모스

수리산 정상 태을봉
작은 공터에
누군가가 화초 씨를 뿌렸다

봄에 싹이 돋더니
산길의 꼴불견

고요한 새벽 산길이 좋아
더듬더듬 올라간다
싸늘한 새벽 산바람이 좋아
남들보다 먼저 나선다

관모봉 중턱에 오를 때쯤
동녘이 밝아오고
태을봉 깔딱고개에 오르면
태양이 솟는다

그 장관을 보러간다
가슴에 담으러 간다

그런데 오늘은
꼴불견들이 있어
나를 훼방한다

새벽부터 떼거리로 몰려와
술 퍼마시고 시시덕거리고
여편네들 무엇이 그리 좋은지
깔깔거리고
온 산이 시끄럽다

저 모습이 산을 좋아하는 건 아닌데
아무것도 모르는구나

산은 고요한데
나무도 바위도 말이 없는데
그 속에서 너희들은 못나게도 노는구나

아들이 장가들던 날

그날
나는 생애 처음으로
살아 있는 기쁨을
알았습니다
이 시간을 위하여
사는 것이로구나

내가 장가들던 날은
몰랐습니다

듬직한 아들
꽃 같은 며느리
너희들 있어
내가 행복하다

결혼생활
많은 것을 필요로 한다

그러나
사랑과 이해가
가장 필요한 것이다

거치른 세상
굳건히 헤쳐 나가며
항상 웃으며 살아가거라

수리산의 사계

수리산은 까치집 같은 우리의 둥지를
포근히 감싸고 있다

커다란 새가 양 날개를 쫙 펴고
창공을 나는 모양
그래서 태을봉이란다

그 아래 아늑히 자리한 곳 산본
왜 여기 왔는지 모르겠다
벌써 십년이 되었구나

이제는 낯익은 산길
나무들 바위들 모두
친한 벗이다

진달래꽃 산벚꽃 아카시아꽃
보석처럼 빛나는 신록
새 힘을 폐부 가득 불어넣는 산의 향기

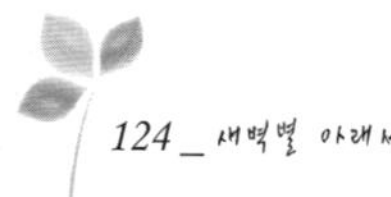

뜨거운 태양을 가린
나뭇가지 아래로 정답게 흐르는

계곡 물소리
시원한 매미 소리 빗줄기 소리

가을 산바람은 삶에 지친
내 심신을 추슬러준다
눈부신 단풍잎 사이로 비쳐오는 햇살을 보며
한적한 산길을 걸을 때
나도 산이 된다, 자연이 된다

나무들 잎새 모두 떨구고
겨울잠에 든다

다람쥐 청설모도
어디론가 숨어 버리고

목련 봉오리 바위
흑곰바위
이무기 바위
거북바위
묵묵히 겨울잠에 든다

포근한 낙엽 위에
하얀 눈이 쌓여 아늑한 산자락은
봄꿈을 꾼다

늙은 공원의 자화상

허리가 아프고 무거워
움직이기도 어렵다
오래전 다친 적이 있었는데
가끔씩 재발한다

오른쪽 발등도 붓고 아파서
걸음이 불편하고
병원에 갈 시간도 없다

기계가 모두 낡아 버렸나
사십년 넘게 쓰기만 하고
정비는 하지 않았으니 고장이 나는 건
당연한 일

그래도 멈출 수가 없다
정비할 틈이 없다

주저 앉는 날에나 내가
자유로워지려나

겨울 나그네

이렇게 육신 아프고
마음은 어둡고 무거울 때
인생길 여행도 싫증이 난다

내 뜻으로 시작한 여행은 아니지만
집어치우고
영원한 안식의 길에 들고 싶다

인생길 여행
그 파란만장의 길

나는 육십여 년 여정에서
무엇을 얻고 배웠는가

모두가 부질없는 것
바람 같은 것
얻은 것 늙은 영육과
회한뿐이다

남은 길에 짊어지고 가야 할
병마와 고독
비켜서 갈 수 없는 그 길은
또 어떻게 가야 하나

공장으로 가는 길

캄캄한 새벽길
싸늘한 공기가 얼굴을 할퀸다

목을 움츠리고
주머니에 두 손 꽂고
터덜터덜 걸어서 전철역으로

사거리를 건너서 주택가 골목길
불 켜진 집은 없고
동편 하늘에 새벽별 한 개
반짝인다

빈자리 없는 전동차
선채로 꾸벅꾸벅 졸다
구로역에 내린다

공장 앞으로 가는 버스는
빈자리가 있다
그래서 버스를 탄다

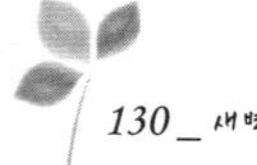

시간은 더 걸려도

아늑한 버스에서 이십여 분
아침잠이 즐겁다
내리기 싫다
하루 종일 달리고 싶다

늙은 공원의 참회록

무자년 두 달이 지나갑니다
허덕거리며 보냈습니다

걸어온 길 사십년
이 길에서 나는
아무것도 배우지 못했습니다
배우려 하지도 않았습니다
그래서 항상 뒤떨어지고 있습니다

거칠고 때 묻은 손으로
낡은 머리로
시를 쓴답시고 건방 떠는 나
내가 생각해도 가소롭습니다

지금 마음이 너무
혼란스럽습니다
아무것도 할 줄 모르는 내가
원망스럽습니다

제5부 목련이 피었네요

그대를 꼭 닮은
목련꽃 바라보며
그리움에 잠깁니다.

산에 오르는 까닭은

더위는 밤사이에도
기세 숙일 줄 몰라
이른 아침부터 열기를 뿜는다

산 중턱에도 못 올랐는데
온몸이 땀에 젖는다
숨은 멎을 듯 차오르고
몸은 천근이나 된다

왜 이 길을 가느냐
거기 무엇이 있기에
누가 기다리기에

잠시 산이 되고 싶어 간다
나무가 되고 싶어 간다
바위가 되고 싶어 간다

산이나 보며 가자
산소리나 들으며 가자

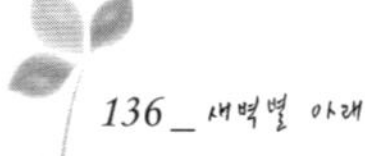

부질없는 일들 던져두고
산이 되자
오늘은 산이 되자

목련꽃 아래에서

활짝 핀 목련꽃 얼굴에
하얀 달빛 쏟아져
처량하도록 고요한
사월의 밤

목련꽃 아래에서
그대 생각에 잠깁니다

그대여
우리 함께 이렇게
목련꽃 아래에 서서
향기에 취해도 좋았을 것을

흡연자를 증오함

전철역 앞 건널목에서
초록빛 등불을 기다린다

젊은이가 담배를 펵펵 피워댄다
양복 입은 신사도
담배연기 내뿜으며
폼잡고 걸어간다

내 취미인데 누가 뭐랄소냐
다른 사람들이야 상관없다

어울려 사는 세상 잊었는가
무인고도에서 혼자 살다 금방 나왔는가

가끔 콜록콜록
그래도 좋으냐
그렇게 고꾸라져도 좋으냐

흡연자를 미워함 2

나는 담배 피우는 사람을 미워한다
병적으로 증오한다

그들의 권리이기도 하지만
주위 사람들이 받는 피해
그것은 누가 보상할 건가

생김새도 천박하고 차림새도
낡은 점퍼에 구겨 신은 운동화
덥수룩한 머릿결

양손 바지주머니에 쑤셔 넣고
담배 빨아 뱉으며
어기적어기적 걷는 저 사내

저 사내에게도 처와 자식이 있겠지
어떻게 같이 살아갈까
온몸에서 풍기는 세상 밑바닥 냄새

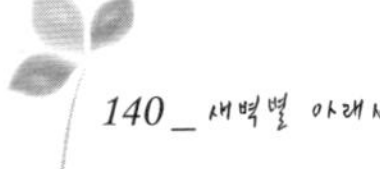

넥타이 매고 양복 입고
그럴듯한 신사처럼
건널목 앞에서 담배를 피워댄다

주위 사람들 아랑곳 않고
양복 차림은 왜 했느냐
똥개가 입었구나

담이 배로 커진
쓰레기 인간들 너무 많구나

흡연자를 미워함 3

〈아버님 죄송합니다〉

아버지 어머니 슬하에서 자라던 시절
우리 집은 토굴 같은 오두막이었다

거기서 우리 아버지
독한 담배 쉴 새 없이 피우시며
나에게 하늘 천 따지 가르치셨다

방안이 누렇게 찔고
독한 냄새 가득했던 그 방
차츰 나이 들어 싫어졌다

그래서 나는
담배 피우는 걸 싫어했나 보다
배우지 않았나 보다

나이 들어 생각하니
다행이기도 하다
아버지의 교훈이시기도 하다

그 아버지께
지금은 고맙고 죄송스럽다

그 시절에 아버지께
권련 한 갑 못 사 드린 게
못내 죄송스럽다

딸은 시집을 가고

아들이
장가들어 나가고 난 뒤 일 년
딸도 시집을 갔다

인간의 자식들도
금수의 새끼와 같은 것이구나

자라면 둥지에서 떠나는
자연의 법칙

그러나 금수와 다른 점은
부모를 잊지 않는다는 점
금수에겐 그것이 없으니까

너를 키운 세월이 꿈만 같구나
꽤 총명한 너를
좀 더 뒷받침 해주지 못한 아쉬움
어쩔 수 없었다는 것
너도 이해할 것이다

너는 제2의 인생을 출발했다
그것은 너희들의 선택이니
한 점 후회 없이 살도록 노력해야 한다

너의 빈방을 들여다보며
콧등이 시큰해진다

시집가는 딸에게

네가 딸로 태어난 날
조금은 서운했던 마음
내 품안에서 방긋방긋 웃던
너를 보고 잊었다

아빠 손잡고 아장아장 걸으며
무어라 종알대던 너를 보고
잘 태어났구나 했다

잔병치레 없이
순하게 자라는 너를 보고
귀엽다 했지

초.중.고 십이 년
우등생 모범생이었을 때
너에게서 희망을 보았지

장한 약대모 쓴 너를 보고
코끝 찡 했었단다

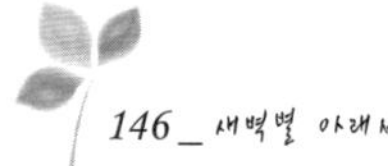

모두 엊그제 일인데
너는 오늘 우리 품을 떠나는구나

삼십년 세월 동안 한 번도
근심 걱정 안 끼치고
네 길을 찾아가니 우리는
행복한 부모다

그래도 오늘은 가슴속 텅 비는구나
이것이
부모의 길인가 보다

빈 둥지에 남은
늙은 어미 애비는
항상 너를 가슴에 품고

잘 살아라
잘 살아야 한다
기도하며 쓸쓸히 살리라

너희가 만든 너희들 둥지
항상 봄 동산이어라

딸이 떠난 자리

시집간 지 두 주일이 다 되어도
전화 한 번 안 하는 딸
딸년은 역시 남의 집 사람이었구나

웬일로 오늘 애비한테 전화를 했다
조금 피곤한 음성

집안일 직장일 무척 바쁘다고
이해가 된다
안쓰럽기도 하다

그것이 누구나 가는 인간의 길이다
꾸준히 걸어 가거라

너 떠나고 도깨비 소굴 같은 네 방
아무렇게나 벗어던진 신들
버리고 정리하며 욕했단다
남남끼리 만나 살아가려면
바꿔야 할 습관이다

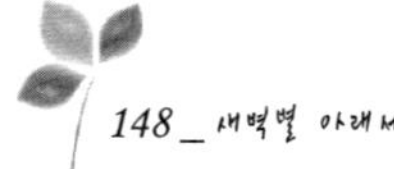

그 모습 안 보고
술 먹지 말라는 잔소리 안 들으니
지금은 마냥 편하다

그래도 텅 빈 네 방 바라보면
허전해진다
부디 잘 살아야 한다.

도깨비 방

딸애가 하루 종일
제 묵은 옷을 정리했답니다
한두 번이나 입었는지
그 많은 옷가지들
버려야 할 것들이 더 많은 것 같습니다

이제 제2의 인생을 출발하려고
저희들 집으로 가려고
제 물건 챙기는 걸 보니
울적해집니다
어느새 자라서 우리 곁을 떠나는구나

이제 도깨비 방 없으니
나는 개운할 텐데
그래도 허전해지는 건
네가 내 딸이기 때문일까

허전해지는 마음에 앞서
염려도 됩니다

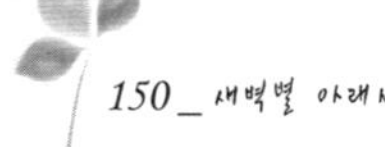

나이 서른 다 되었지만
아직도 어린애인데
제 가정을 잘 이룰는지
그리고 후회 없이 삶을 살아갈는지

딸이 사준 손목시계

딸애가 시집가며
손목시계를 사 주었습니다

싸구려 손목시계도 없는 아빠가
안쓰러웠나 봅니다

저도 이것저것 쪼들릴 텐데
꽤 비싼 것으로 사 주었습니다

하얗고 동그란 얼굴
또렷한 숫자
처음 차보는 값비싼 시계

차고 다니기 아까워
책상 옆에 놓아두고
들고 나며 들여다봅니다

거기 딸애의 얼굴이 있습니다
거기 제 얼굴을 새겨놓고

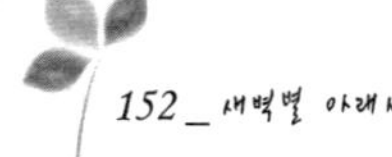

시집을 갔습니다

저 시계바늘처럼
변함없이 가거라
아빠도 항상
이렇게 바라보리라

고향의 영원한 빛이 되소서
〈2006년 4월 8일 이상열 님 고희연 축시〉

설성산 맑은 정기 노승산 굳은 기개
한데 이른 곳 기름진 들가 작은 마을
긴뿔이
여기 굳건히 밝혀 오신 한줄기 빛 님이시여
오늘 영광스런 고희를 맞으셨나이다

어둡고 가난했던 그 시절 그 마을
혜성처럼 나타나시어 어른들은 공경하시며
후배들에게 희망과 용기를 심어주시고
항상 늠름하고 활달한 기상으로
마을의 든든한 버팀목이 되셨나이다

바람처럼 스쳐가는 세월은 누구고 잡을 수 없어
함께 실려 오고 밀려가는 것
늘어난 백발 주름살이 어찌
허무의 자취리오, 그것은 인생의 완성과
보람의 표상일 것입니다

지금은 〈인생은 칠십부터〉라고 합니다
쌓아 오신 삶의 경륜과 지혜를 바탕으로
더욱 건강하시고 보람 있는 길을 가십시오

자녀들도 부모님의 훌륭한 가르치심을 받들어
착하고 진실하게 세상을 걸어가며
효도 또한 극진하니
자손만대 영화를 누리시오리다

항상 건강 충만하시고 만수무강 하소서

병석의 둘째 누님

폐가처럼 우중충한 시골집
퀘퀘한 냄새 가득한 저 건넌방에
산소마스크를 쓰고 누워 있는
우리 둘째 누님
왜 이리 되셨나요

동생 보고 웃지도 못하시고
말 한 마디도 힘겨워
희미한 눈동자 멀건이 바라보실 뿐

남동생 하나 애지중지하시고
측은해 하시던 우리 누님

시인되었다고
늦게나마 꿈을 이뤘다고
좋아하시던 누님
네 시를 읽고 울었다던 우리 누님
네가 공부를 했었어야 했는데 하시며
울먹이던 누님

인간의 여정 생로병사
안타까울 뿐이다
못난 동생이 해 드릴 게
아무것도 없습니다

누님
하나님 굳게 믿으십시오
보호해 주실 겁니다

2006년 11월 18일

아름다운 여인

분당에서 산본을 오가는
3500번 좌석버스
차병원에 문병 갈 일이 있어 탔다

기사님 얼굴은 볼 일 없고
단말기에 카드 찍고
오른쪽 자리에 앉았다

무심히 기사님 건너다보니
예쁜 중년 여인
껌을 씹으며 여유 있고 평화롭게
덩치 큰 버스를 몰고
고속도로를 시원하게 달린다

그 모습이 너무 아름다워
주책없이 자꾸 바라보았다
내리기 아쉬웠지만

내릴 때 상냥한 인사까지

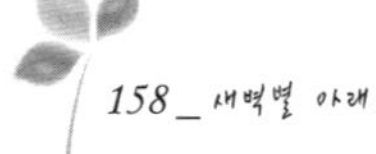

그대 진정 이 땅의 천사요
부디 무사하시고
그 아름다운 그 친절 영원하소서

막걸리

나는 술을 좋아한다
술 중에서도 막걸리를 제일 좋아한다
촌놈으로 태어나서인지

텁텁하고 시큼하고
달콤하고 짜릿한 맛
시원한 냉막걸리는 일품이다

땀 흘려 산행하고 내려와
한 사발 쭉 들이키면
새로운 힘이 솟는다

저녁 해가 기울 무렵
텅 빈 집안에 혼자 앉아
사기대접에 하얀 막걸리 가득 부어
마누라 잔소리 안 들으며 마시는 맛

벗은 없어도 좋다
혼자인 게 좋다

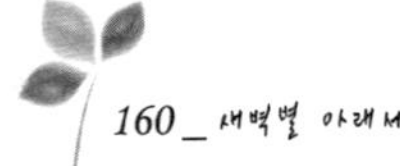

푸짐한 안주 없어도 좋다

고요한 즐거움
그 황홀함
가장 자유로운 시간이다

이 땅에서 나는 곡식과
이 땅에서 솟는 샘물로 빚은
여러 고장의 막걸리를 모두 맛보며
인생길 희로애락을 노래하다 가고 싶다

독일제 볼펜

어느 여인에게서
독일제 볼펜 하나 선물로 받았다

케이스엔 서툰 글씨로
새해에도 건강하시고
좋은 시 많이 쓰세요
  홍순기 드림

졸작 몇 권 보냈더니
이렇게 마음을 보내준다
얼마나 아름다운 마음인가

우리 남매들 조카들도 아닌
아내의 먼 일가 친구
그 정성 잊지 않으리다

더욱 진솔하게 살아가며
꾸밈없는 글을 쓰겠습니다

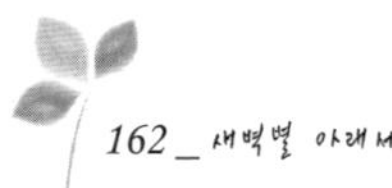

허리 잘린 목련나무

다가구주택 창가에
목련나무 한 그루 서 있었다

봄마다 우아하게 꽃 피어
아름다웠다

지난 겨울 어느 날
그 나무가 무참히 잘렸다

창에 너무 가까워 주인이
싫었나 보다
향기가 싫었는지 그늘이 싫었는지

저렇게 삭막한 인성도 있었구나
나무야 너 거기 심어진 게 원죄구나

그렇게 순결스럽고 우아하던 목련꽃
다시 피는 계절오니 안타깝다
하늘로 날아간 천사가 그립다

내가 시를 쓰는 이유

세상에 내놓기 위해서
남에게 보이기 위해서
시를 쓰는 건 시가 아니다

가슴으로 느끼지 않은
말을 하는 건 위선이다

시인은
영혼의 노래를 부를 수 있어야 한다
가슴으로 말할 수 있어야 한다

나만의 세계에
영원히 간직할 수 있는
나만의 말을 남기기 위해
나는
되지도 않는 글을 쓴다

세상이 모두 잠든 새벽
검은 창밖을 보며

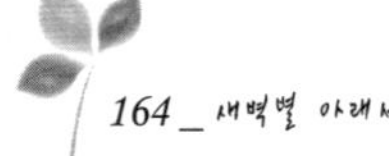

영롱한 새벽별을 보며
서산에 숨는 태양을 보며

낙서 한 줄 하는 즐거움
그 여유로움을 즐기는 것이다

며느리의 차

개나리 만발한 언덕 아래
잠자는
귀여운 작은 승용차

새벽 산책길마다
만나면 반갑다
밤새 잘 있었니
동그란 눈으로 인사를 보낸다

노란 꽃잎들이 머리에 쏟아져
곱게 장식했구나
귀여운 작은 차야

병상의 며느리

아가야
어쩌다 그리 되었느냐
가벼운 사고라지만
환자복 입고
병상에 누운 너를 보니
시아비 가슴은 무겁다

일을 하겠다고
생활을 위해서
세상 물결 속에 뛰어든 너를 보니
안쓰러운 마음이다

아가야
굳세게 이기고
헤쳐 나가야 한다

거칠고 험난한
현실을 살아가는 우리는
항상 불안한 나그네란다

제6부 고향의 4계

고향이란 무슨 의미인가
나에게도 고향이 있었던가?

내 고향은 꿈속에서만 있는 것 같다.
가끔 그곳으로 달려간다.

고향의 사계

내 고향은 초라한 농촌
이천 설성 장천리 508번지

찌그러진 오두막집에서
늙으신 부모님과
어린 삼남매 오순도순 살았었지

가난과 외로움을 천명으로 알고
아버님의 유훈을 몸에 익히며

봄이면 뒷동산 소나무 사이를
휘파람불며 스쳐가던 바람소리
누나 동생과 봄나물 캐던 시절

기름진 남의 땅에서 물씬 풍겨오던
흙냄새 개구리들 울음소리

여름이면 풍성한 들판
빛나는 태양
꽁보리밥 밀국수가 지겨웠지

가을이면 소슬바람에 들국화도 시들고
가마니 채울 곡식 없어
허탈한 마음
우리 농토 삼켜버린 저수지 물결 바라보며
한숨짓던 시절
그 물결은 아름답게 반짝였지

겨울이면 눈 쌓인 하얀 들판
가득 쏟아지던 달빛
그리운 사람 못 잊어 잠 못 이루고
무작정 걸어 보던 그곳
그 사람이
지금은 어떻게 변했을까
지금도 사계절은 변함없이 흐르는데

또 그날을 맞으며
(2007년 5월 22일)

46년 전 오늘
그날도 이렇게 아름다운 계절이었지

세상 아무것도 모른 채
부질없는 정의감 내세워
훌륭하신 영어 선생님 배척하다
포고령 1호 위반죄로 옥살이 가던 날

연극도 아니고 소설도 아니었다
엄연한 현실
내 인생길이 바뀌진 날이라고
생각진 않는다 내 길은 이미
정해져 있었으니까
다만 유망했던 동지들이 아까울 뿐이다

그러나 우리 모두 이렇게
평탄히 살고 있지 않은가
여기보다 더 큰 행복이 무엇이겠는가

티끌 많이 쌓인 더 높은 곳에서
더 많은 티끌 짊어지고
많은 사람들 조롱하며 출세하면
세상이 우러러볼까

낮은 곳에서 평범하게 영육 한가로이
고향 벗들 만나 옛 이야기
술잔 나누며 구김 없이 살다 가면
후세가 바보였다 비웃을까 그립다 동지들아

소나기

출근시각
잔비가 내리는 것 같아
우산을 챙겨들고 나섰다

우산을 펴기도 안 펴기도
어정쩡한 날
천천히 걷는 발길이 가볍진 않다
왜 이 길을 날마다 가야 하는가

차츰 빗방울이 굵어진다
하나둘 떨어지더니
금새 소나기가 되어 퍼붓는다
우산을 잘 들고 나왔다

금방 도로 위를 가득 채우고
세차게 쏟아지는 소나기

양말이 흠뻑 젖고
바짓가랑이가 다 젖어도
가슴속은 시원하다

때로는 이렇게
무엇엔가 흠뻑 젖고
무엇엔가 푹 빠져보고 싶다

귀곡성

새벽 산책을 하러 현관문을 나섰다
그런데 어디선가 괴상한 소리가 들린다
복도에 등불이 밝고 아무것도 없는
짐승울음도 같고 여자울음 소리 같기도 하고

머리가 쭈뼛해진 채 내려왔다
첫닭이 울면 귀신도 호랑이도
물러간다 했는데
닭 울음소리가 없어 아직도 있나

도로를 걷다 보니
닭장차가 세워져 있다
가득 구겨 넣어진 닭장 안에서
괴로워하는 신음소리였다

날이 밝으면 도살장으로 들어갈 운명들
서러워 우는 게 아니라
당장이 괴로워 울고 있는 것이다

인간이 저렇게 잔인하구나
저것들도 한 생명인데

보이지 않는 노인

지난 몇 해 동안 새벽산책 나가면
놀이터 의자에 노인 한 분이
꼭 앉아 계셨습니다
백발에 미동도 없이

이 새벽에 나오신 노인
어디 사시는지 누구와 사시는지
인사는 안 드렸어도 반가웠습니다

그런데 언제부터인가
노인이 안 보이십니다
여기저기 둘러도 봅니다

이사를 가셨을까
아파서 누워 계시나
혹시 저승으로
긴 여행 떠나셨나 궁금합니다
생명들의 종착지는
그곳밖에 없으니까요

할머니 발목 잡은 손자
(2007년 8월 1일)

여름휴가 떠나려 조금은
설레는 새벽
전화가 온다
딸이 산부인과에 간다는 사위의 전화

아내는 휴가가 다 뭐냐며
병원으로 달려가고
나는 그래도 배낭지고 나섰다

혼자인 게 허전하지만
몸에 밴 짓

상쾌한 여름날 아침
세상이 아름답다
손자가 온다니 더욱

드디어 기다리던 전화가 왔다
산모 아기 다 건강하다고
내가 할아버지가 되었구나

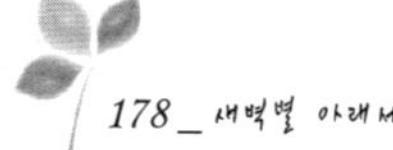

환갑이 훌쩍 넘었으니 당연한 계급장
당당히 달 수 있다
살아온 보람이다

손자야
할머니 발목 잡은 심술꾸러기 손자야
할아버지 이틀 뒤 달려갈게
잘 자고 있거라 내 손자야

새벽 바다

희끄므레 밝아오는
호미곶 새벽

하늘도 바다도
잠속에 들어 있다

새벽 바닷바람
삼복더위를 몰아내며
가슴속을 파고든다

수평선에 살짝 덮인
구름을 헤치고
붉게 솟아오르는 태양
바다는 금빛으로 물들고
세상은 광명이 꽉 찬다

물결도 춤춘다
바람도 상쾌하다
새벽바다처럼 살고 싶다

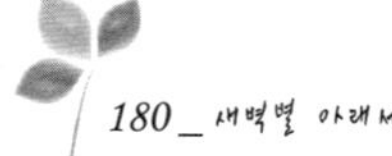

갓난애 울음소리

저 천진한 울음소리
생명의 탄생을 노래하는 소리

우리 집에 저 소리
삼십여 년 만에 다시 듣는다

적막하던 우리의 둥지
새끼들 자라서
다 날아가 버린 빈 새둥지
여기 다시 찾아온
우리의 새끼

잘 왔다
귀엽구나
건강하고 올바르게 자라거라

큰 행복

칭얼대는 손자를
조심스레 안고
살며시 엉덩춤을 춘다

녀석이 빼꼼히
눈 떠보고는
새근새근 잠든다

천사 같은 너의 모습
소중한 핏줄
큰 행복을 안고 있다

가을연가

가로수 은행나무 잎새
아직도 푸르른데
거리에는 겨울이 밀려온다

가을은 이 거리에서
또 밀려간다

떠나가는 가을이 아쉽다
여름이 오래도록 버티고 있어
얼른 오지 못하고
머뭇거리더니

오자마자 겨울이
밀쳐내는구나
안타까운 짧은 가을이여
너를 사랑했는데
어이 보내야 하나

증산역에서

산허리 굽이굽이 휘돌고
골짜기 물 건너며
막아선 산마루 뚫고
숨 가쁘게 태백준령을 넘는 열차

증산역에서 내려
백발뿐인 민둥산을
휘적휘적 올라보고
다시 돌아갈 열차를 기다린다

캄캄한 밤하늘에
반달이 나그네 가슴에 파고든다
산골바람이 싸늘하다

밤이 깊도록 달려가야 한다
삶의 굴레 속으로 들어가야 한다
증산역의 가을밤이
나그네를 울먹이게 한다.

지금도 쓰는 철펜

초등학교에서 침 묻혀가며 쓰던
정든 연필과 이별하고
철펜에 잉크 찍어 쓰기 오십여 년
나의 가장 오랜 벗이다

그랬어도 내 본래 손재주 없어
어지럽게 흐트러지고
초보자 글씨 그대로다
그래도 오십여 년 내 삶의 모습을 그려준
고마운 철펜
언제까지 이 땅에 존재할는지

펜 끝에 묻어나는 잉크의 향기 속에
오늘도 내 삶은 엮어진다

이 땅에 네가 있는 날까지
내 오른손이 움직여지는 날까지
너와 함께 가리라

낙엽따라 가버린 사람
(2007젼 11월 15일 소꿉친구 영이에게)

초겨울 바람이 싸늘하던 날
마지막 잎새 하나 떨어지던 날
영이도 함께 떠난 날

코흘리갯적 소꿉친구
시골학교 동창생

나이 들어선 나를
가장 잘 이해해준 여자

친구로
오누이로
연인으로
시인이 된 네가
자랑스럽다던 여인
네가 있어 난 행복했다

올곧고
굳세고

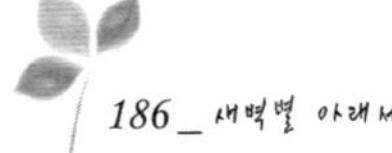

착하게 살아온 너
너무 일찍 데려가신 옥황상제가 밉다

영이 잘 가 티끌 같은 인간의 길 모두 잊고
아름다운 하늘나라 선녀 되어라
너와 오늘 영원히 기억해 줄게

영이
또 낙엽이 바람에 쓸려간다

중학교 동문회

43년 만에 모교를 찾았다
설레는 마음으로 달려왔다

그러나 그때 그 얼굴들은
넷 밖에 안 보인다
모두들 바쁘게 살고 있나 보다

초라한 옛 건물은
번듯한 삼층으로
우리가 심은 느티나무
고목이 되었네

서쪽에서 굽어보는 노승산
너도 늙어 움츠러 들었구나

무서웠던 선생님
인자했던 선생님
모두 어디 계실까
청순한 백합은 어떻게 변했을까

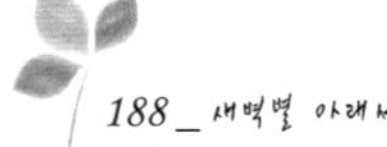

세월이 모두 휩쓸고 가벼려
돌아올 길 없구나
순간 같은 그리운 시절이여

개교 50주년 기념문집
내 낙서도 몇 줄 있다
누가 읽어줄 것인가
모두가 부질없는 인생사인 것을

감자

감자를 보면 지금도
생생히 떠오른다

언 땅이 녹고 춘분이 지나면
텃밭 갈아 감자를 심는다

밤톨만한 씨감자 두 조각내어
땅에 묻어두면
어느새 싹이 솟아난다

거름주고 북주어 가꾸면
흙은 감자를 키운다

껍질째 빻은 밀가루 수제비에
감자 숭덩숭덩 썰어 넣은
저녁끼니
그렇게 보내던 여름

그 감자가 싫증났었다
그러나 여름을 넘겨준
고마운 감자

지금쯤 고향 들녘에는

사십여 년 전
칠월 저녁 무렵 고향들녘에는
뜸부기가 울었지

이쪽 논둑에서
뜸뜸하면
저쪽 논둑에서
탐탐하고 장단 맞추었지

그 뜸부기들 사랑 찾는 노래
논배미 어슬렁거리며
우렁이 찾던 백로

지금도 그대로 있을까
달려가 보고 싶다
다시 들어보고 싶다

나의 사모곡

돌아가신 부모님
새삼 그리운 날엔
난 어이 해야 하나요

부모님 그립지 않는 날
하루도 없지마는
오늘은 더욱 그리운 마음

〈너도 나이 들어 자식들 길러봐라〉
하시던 어머님 말씀
더욱 새롭게 떠오릅니다

산소라도 있으면
당장 달려가
펑펑 울고 싶습니다